VOIR 6-9 ANS

CHRISTINE & MICHEL DENIS-HUOT

# Les félins et la savane

FLEURUS

Texte : **Christine et Michel Denis-Huot**
Édition : **Danielle Védrinelle**
Direction artistique : **Isabelle Mayer** et **Armelle Riva**
Réalisation graphique : **Thérèze Jauze**
Mise en page : **Catherine Enault**
Fabrication : **Marie Guibert** et **Thierry Dubus**

L'éditeur remercie Pauline Lacroix pour ses précieuses relectures.

Film : ***Les lions de Tanzanie***
Série "Champions de la nature" © Omni Film Productions Ltd. MCMXCIX
Réalisateur, auteur, scénariste : Chris Aikenhead - Compositeur : Graeme Coleman et Michael Conway Baker
Produit avec la participation de Canadian Television Fund, Telefilm Canada, CTF, British Columbia Film, Rogers Telefund, Film Incentive BC, Province of British Columbia.
Produit en association avec : Europe Images International, Discovery Channel Canada, Knowledge Network, ACCESS - The Education Station, Saskatchewan Communications Network, Water Street Releasing Ltd.
Prémastéring : **Studio DVDPartners**


Dépôt légal : mai 2011
ISBN : 978 2215 10714 9
Code MDS : 591432
N° d'édition : M11098
1re édition

Photogravure : Amalthea
Achevé d'imprimer sur les presses de l'imprimerie Proost, Belgique.
Loi n° 49-956 du 16 juillet 1949 sur les publications destinées à la jeunesse.

# Sommaire

# Au royaume des animaux

**Savane : un mot magique qui fait penser à l'Afrique, aux lions, aux guépards, aux éléphants, aux girafes... Dans ces grandes plaines, les herbes sont partagées par des millions d'antilopes, de buffles et de zèbres. C'est dans l'est de l'Afrique que l'on trouve la plus forte densité de mammifères au monde, les proies de nombreux félins !**

La savane est une immense étendue d'herbes avec, par endroits, quelques arbres et buissons. Elle peut être luxuriante et verte, ou complètement desséchée. Sous ce climat tropical et chaud, il n'y a pas d'été ou d'hiver comme en Europe, mais une alternance de saison des pluies et de saison sèche.

Les herbes atteignent jusqu'à 2 m de haut ! En saison sèche, quand les fréquents feux de brousse se déclarent, elles brûlent rapidement, mais leurs racines souterraines restent intactes. De même, les arbres ne souffrent pas des incendies car leur écorce résiste aux flammes. Les cendres enrichissent le sol et, dès les premières pluies, les herbes repoussent et sont bien meilleures.

Des gazelles sous la pluie.

Des buffles cherchant l'eau en saison sèche.

Il y a plus de 20 millions d'années, l'est de l'Afrique n'était qu'une grande forêt. Mais le volcanisme a transformé la région et créé une immense faille, de plus de 6 000 km de long, sur le continent. Ce phénomène a modifié le climat et fait disparaître la forêt pour laisser la place à d'immenses plaines bordées de nombreux volcans, la savane actuelle.

Des cigognes blanches se nourrissant en bordure d'un feu de brousse.

Le Kilimandjaro, le plus haut sommet d'Afrique, est un volcan.

# Le "roi des animaux"

**Le lion règne en maître dans la savane et ne craint aucun autre animal. Il se permet donc de dormir plus de 16 heures par jour... tout en chassant les mouches - ses pires ennemies - à coups de queue ! Son célèbre rugissement résonne à plusieurs kilomètres à la ronde.**

## En famille

Les lions sont les seuls félins à vivre en clan. Un groupe est composé de 1 à 3 mâles en moyenne et de 2 à 10 femelles avec leurs jeunes. Les lionnes d'une troupe appartiennent toutes à une même famille : mères, filles, sœurs, cousines... Elles s'entendent très bien et aucune n'est le chef ! Elles passent leur vie entière sur le territoire où elles sont nées et se le transmettent de génération en génération.

Une lionne regarde fixement des zèbres qui approchent, tandis que ses grands jeunes restent couchés.

L'accouplement ne dure que quelques secondes, mais il se répète jusqu'à 50 fois en 24 heures !

C'est pourquoi elles connaissent très bien les meilleures zones de chasse et les endroits où mettre bas. Les mâles, par contre, ne sont pas de la même famille que les femelles. Ils défendent le domaine contre les étrangers et protègent les jeunes, tandis que les femelles chassent et élèvent les lionceaux. Chacun son rôle !

**NOM :** Lion **FAMILLE :** Félidés
**TAILLE :** 1 m au garrot
**POIDS :** 150 à 275 kg pour le mâle, 120 à 180 kg pour la femelle
**VITESSE MAXI :** 60 km/h
**SIGNE PARTICULIER :** La crinière des mâles apparaît vers 2 ou 3 ans. Sa couleur varie de jaune pâle à brun très foncé.

## La loi du plus fort !

Les lionnes chassent régulièrement à plusieurs. Elles encerclent leur proie sans se faire voir, puis l'une d'elles se redresse brusquement. L'animal effrayé s'enfuit alors à l'opposé et se fait attraper par une autre lionne. Bien souvent, elles ont à peine le temps de commencer leur repas, car les mâles se précipitent et les chassent pour manger en premier. Ces sans-gêne sont capables de dévorer les animaux tués par d'autres prédateurs ! Quant aux lionceaux, ils accèdent à la nourriture en dernier et peuvent même mourir de faim si les proies sont peu nombreuses. En un seul "repas", une lionne affamée est capable d'engloutir 30 kg de viande et le mâle 45 kg. Mais ils ne mangent pas tous les jours.

# Des acteurs peu connus

**Dans la savane habitent les animaux les plus gros, les plus grands et les plus rapides de la Terre. On y trouve aussi des mammifères moins connus, des milliers d'espèces d'oiseaux et d'insectes. Et tous sont étonnants, comme ces minuscules termites qui construisent des nids de plusieurs mètres de haut aussi solides que du ciment !**

Caché dans les hautes herbes, un petit félin tacheté avance, ses grandes oreilles dressées. Soudain, il bondit au-dessus de la végétation pour capturer un rongeur ou un oiseau. C'est un **serval** ! Ce félin, très discret, est un nocturne qui vit en solitaire.



Les **lycaons** appartiennent à la famille des canidés. Ils vivent en meute comme les loups et chassent en se relayant pour épuiser leurs proies, des gazelles, mais aussi des zèbres ou des gnous. Ces nomades deviennent sédentaires durant 2 ou 3 mois pour élever leurs petits au terrier. Leur coopération est extraordinaire : les chasseurs régurgitent la nourriture aussi bien aux jeunes qu'à leurs gardiens ou aux blessés. Hélas, ils sont devenus très rares, exterminés par les hommes et des maladies.

L'**agame** est un lézard à la queue très longue. Les mâles se parent de très belles couleurs au Soleil, tandis que les femelles restent brunâtres. Omnivore, il se nourrit de végétaux et d'insectes.

L'**outarde Kori** est l'oiseau le plus lourd capable de voler. Le mâle exécute de superbes parades nuptiales : il gonfle très fort ses plumes au niveau du cou et lève la queue. Ainsi transformé, il se dandine et tourne sur lui-même dès qu'il aperçoit une éventuelle partenaire.

Les **mangoustes** vivent en groupe et cherchent ensemble leur nourriture. En cas de danger, elles se dressent sur leurs pattes arrière et émettent des cris stridents pour avertir les membres de leur troupe. Elles se réfugient alors dans un des abris de leur domaine : un terrier de rongeur ou d'anciennes termitières.

# Les poids lourds

Avec près de 7 tonnes pour le mâle, l'éléphant est le plus gros mammifère terrestre. Et pourtant, il se déplace sans faire de bruit ! Les femelles d'une même famille vivent en troupes avec leurs jeunes. Les éléphants sont des nomades qui se déplacent sans cesse à la recherche de nourriture et d'eau.

## Aux ordres de grand-mère

La matriarche, la plus vieille femelle de la troupe, guide ses compagnes. Très expérimentée, elle sait où trouver les points d'eau grâce à sa mémoire remarquable. Les liens entre les femelles sont très forts : elles ne se quittent pas pendant toute leur vie qui peut durer une soixantaine d'années.

## De belles dents !

L'éléphant a une dentition particulière. Il possède 4 grosses dents qui mesurent jusqu'à 30 cm de long pour 7 cm de large et qu'il renouvelle six fois au cours de sa vie. Il a aussi 2 incisives étonnantes, les défenses, qui poussent continuellement jusqu'à sa mort.

## Glouton et gourmand

Un éléphant adulte mange chaque jour environ 150 kg d'herbes, de feuilles, de fruits ou de bois... Parfois, des mâles très gourmands se dressent sur leurs pattes arrière pour attraper ce qu'ils désirent. Pourtant, le pachyderme digère mal et rejette intactes les graines des fruits avalés, qui germent ensuite dans ses gros crottins. Il peut parcourir des dizaines de kilomètres pour trouver l'eau dont il a besoin.

## Des petits choyés

Les éléphanteaux sont sans cesse flairés et caressés par leur mère et par les autres femelles qui s'occupent aussi de leur éducation. Le nouveau-né a beaucoup de choses à apprendre au contact des plus grands, comme de savoir se servir de sa trompe. Ce n'est pas inné ! Les jeunes mâles quittent leur mère à l'âge de 12 ans. Ils forment alors de petits groupes. Mais une fois adultes, ils vivront seuls, ne rejoignant les femelles que pour s'accoupler.

### Un outil extraordinaire !

*La trompe de l'éléphant comporte des milliers de muscles. Grâce à elle, il peut sentir, attraper délicatement sa nourriture, s'arroser de poussière et d'eau, boire, barrir et communiquer avec ses compagnons. Il s'en sert aussi pour arracher un arbre, donner des coups redoutables, ou encore comme un tuba pour nager !*

# La géante de la savane

Au milieu de la plaine se dressent de grands acacias parasol. Une girafe se délecte de ses pousses vertes à plus de 5 m de haut. Utile d'être aussi grande : elle mange ce que les autres animaux ne parviennent pas à attraper. En plus, elle voit le danger de loin !

## La girafe en chiffres

Tout est démesuré chez la girafe : sa taille, son cœur qui pèse plus de 10 kg, et son cou qui atteint 3 m de long. Pourtant, il est composé de sept vertèbres comme chez l'homme, mais chacune mesure près de 30 cm ! Même sa langue est très longue : elle s'étire sur plus de 30 cm en dehors de la bouche et se faufile entre les épines pour cueillir une à une les bonnes feuilles. Quant au girafon, il pèse déjà 60 kg à la naissance et mesure 1,80 m. Son premier contact avec le monde est une chute de deux mètres car sa maman reste debout pendant qu'elle met bas. Mais pas de problème, une heure après, il est déjà sur ses pattes !

## Des inconvénients...

Être aussi grande présente certains inconvénients. Pour manger de l'herbe ou pour boire, la girafe doit écarter les pattes avant et se pencher. Pas pratique, et surtout dangereux : des lions peuvent lui sauter au cou ou au museau dans cette position inconfortable. Et pour dormir, pas question de s'allonger car elle ne pourrait plus se relever ! Alors, la girafe s'assoit et ne plonge dans un sommeil profond que quelques minutes à la fois, par crainte des prédateurs.

Une antilope au long cou, la gazelle-girafe, se dresse sur les pattes arrière pour cueillir les feuilles les plus tendres et les plus hautes des buissons d'acacias. C'est la seule gazelle qui ne mange pas d'herbes !

# Le plus gros oiseau

**L'autruche est le plus grand et le plus gros oiseau du monde mais elle ne peut pas voler. Elle est trop lourde pour cela ! Ses ailes lui servent seulement à parader, à s'éventer ou à protéger ses petits. Par contre, avec ses longues pattes robustes, elle court très vite dans les grandes plaines et évite ainsi les prédateurs.**

L'autruche est un animal très endurant et très rapide, puisqu'elle atteint la vitesse de 70 km/h. Et attention à ses pattes musclées, dont un des orteils se pare d'une griffe acérée de plus de 6 cm de long. Elle mange des plantes, des insectes et... des cailloux ! Cela l'aide à malaxer sa nourriture, qu'elle avale sans mâcher car elle n'a pas de dents. À la saison des amours, lorsqu'il veut séduire une femelle, le mâle bat des ailes, tourne autour de sa partenaire, puis s'agenouille. Cette danse dure longtemps. Il a auparavant creusé un grand espace au milieu de la plaine : ce sera le nid. La femelle y dépose ses œufs que le couple couve chacun son tour. Tous les œufs – jusqu'à 60 par nid – éclosent en même temps bien qu'ils aient été pondus à plusieurs jours d'intervalle et par plusieurs femelles. Les oisillons, s'ils survivent à tous les dangers qui les menacent, restent en bande jusqu'à l'âge adulte. Les mâles, d'abord marron comme les femelles, n'auront leur plumage noir que vers l'âge de deux ans. On dit souvent que l'autruche met la tête dans le sable pour se cacher. Ceci est une légende !

## Quel oiseau !

*Le mâle autruche mesure 2,50 m et pèse 150 kg. Ses yeux sont les plus gros de tous les animaux terrestres : 5 cm de diamètre. Ses œufs aussi battent tous les records : ils mesurent 16 cm de haut. Et si l'on fait une omelette avec l'un d'eux, cela correspond à une vingtaine d'œufs de poule !*

# Bébés félins

**Les bébés félins naissent minuscules, aveugles et sourds. Ils passent beaucoup de temps à dormir, blottis les uns contre les autres. Les premiers jours, ils dépendent complètement de leur mère, qui reste cachée avec eux pour leur tenir chaud et leur permettre de téter souvent. Mais elle doit les laisser seuls pour partir à la chasse...**

L'odeur des bébés imprègne la cachette et peut attirer des prédateurs. Alors, prudente, la lionne les change de place tous les trois ou quatre jours en les prenant dans sa gueule, un à un. Guépards, léopards et hyènes font de même. Parfois les lionnes oublient des bébés, ou ne savent plus où elles les ont laissés !

Dès que les bébés guépards ont cinq semaines, ils commencent à suivre leur mère dans la savane. Malgré sa protection, plus d'un sur trois meurt avant l'âge de trois mois, car les petits sont incapables de fuir devant les prédateurs. Quand elle chasse, ils se cachent dans les herbes et l'attendent. Si elle a tué une proie près d'eux, elle leur rapporte de la viande, mais ils continuent à téter jusqu'à trois mois.

Les premières semaines, la lionne élève ses petits à l'écart de la troupe. Ils ne sont donc pas mieux protégés que les autres bébés félins. Leur vie change vers deux mois, quand elle les conduit pour rejoindre ses compagnes et les autres lionceaux.

La femelle léopard a un ou deux petits, rarement trois. Quand ils restent seuls, il leur est interdit de faire du bruit ou d'appeler leur mère. Car personne ne les protège contre les dangers qui les guettent (mâles babouins, hyènes, buffles ou autres félins). Leur père est venu rejoindre la femelle seulement pour s'accoupler, puis il est parti...

# Naissances dans la savane

En général, les antilopes et les zèbres mettent bas à l'aube un seul petit, les jumeaux étant très rares. Le moment de la naissance est toujours dangereux car les prédateurs guettent les mères et leurs bébés qui sont des proies faciles. Les nouveau-nés doivent se mettre rapidement debout et être capables de marcher et de courir très vite. Leur survie en dépend !

1

3

4

Aussitôt après la naissance, la **gazelle** mange le placenta et nettoie son nouveau-né pour qu'aucune odeur suspecte ne puisse attirer les prédateurs **(1)**. Elle l'encourage ensuite à se mettre debout sur ses pattes toutes tremblantes. Puis il reste seul, caché dans les herbes ; sa mère broute un peu plus loin. Elle revient plusieurs fois pour le faire téter. Quand il est assez fort, il rejoint le troupeau avec elle. Malgré toutes les précautions prises par leur mère, les chances de survie des nouveau-nés sont très faibles. Le matin, à l'aube, hyènes, guépards ou encore babouins font le tour des touffes d'herbe à la recherche des faons nés pendant la nuit. Chasser un bébé gazelle ne comporte aucun risque et réussit à chaque fois **(2)**.

Chez les **gnous**, les naissances dans les troupeaux sont pour la plupart synchronisées sur environ trois semaines, en février. Au petit matin, d'innombrables veaux couleur sable marchent près de leur mère à peine quelques minutes après leur naissance **(3)**. Devant cette abondance de proies faciles, les prédateurs sont rapidement rassasiés **(4)** et un grand nombre de ces nouveau-nés parviennent à survivre. Par contre, ceux qui naissent à une autre période sont condamnés.

Quant au jeune **zèbre**, encouragé par sa mère, il peut courir 4 h après sa naissance **(5)**. Il fait rapidement connaissance avec sa famille, constituée de quelques femelles avec leurs jeunes et de l'étalon qui aide sa mère à le défendre. Chez certaines espèces, comme les hippopotames et les girafes, pour écarter tout danger, les femelles regroupent les jeunes en crèche sous la surveillance de l'une d'elles.

2

5

Le lionceau se défend contre le mâle agressif. C'est vers l'âge de deux ans que les jeunes mâles sont chassés de la troupe par leurs aînés.



# Éducation des jeunes félins

**Éduquer et protéger ses jeunes est un dur travail ! Surtout pour les femelles guépard ou léopard qui doivent tout faire seules. Pour une lionne, c'est bien plus facile ! Toutes les femelles de la troupe l'aident, et les mâles sont là pour défendre les lionceaux contre les intrus.**

## Éducation collective

Lorsqu'ils arrivent dans la troupe, après avoir passé quelque temps seuls avec leur mère, les lionceaux trouvent des compagnons de jeux et des gardiens quand celle-ci part chasser.
Fait unique chez les félins : ils peuvent téter une autre lionne ! Malgré tout, beaucoup d'entre eux meurent de faim à cause du manque de proies. Parfois les lionceaux sont tués par des mâles qui veulent prendre la direction de la troupe.

## Pas toujours gentils !

Vers trois mois, fini le lait ! Les jeunes ne tètent plus leur mère et ne consomment plus que de la viande. Les femelles guépards laissent toujours leurs jeunes manger en premier, et frères et sœurs ne se disputent pas pour la nourriture.
Par contre, les jeunes léopards s'empêchent mutuellement de manger en feulant, et en se donnant des coups de griffes. Leur mère est parfois obligée d'intervenir.

Les jeunes léopards passent énormément de temps seuls. Quel contraste avec les guépards qui, au même âge, restent en permanence avec leur mère !

La femelle guépard laisse ses jeunes jouer avec la gazelle avant de la tuer. Ils sont incapables d'étouffer une proie avant d'avoir 10 mois.

## Apprentissage de la chasse

Les félins apprennent à chasser en regardant leur mère faire et en "jouant" avec des petites antilopes encore vivantes qu'elle leur apporte. Les premières fois, ils ne savent pas comment s'y prendre avec une gazelle. Ils la poursuivent, la font rouler par terre, mais ignorent qu'il faut la tuer.

## Ne pas se tromper

Les mois passent... Les jeunes félins ont compris le principe de la chasse, mais ne savent pas encore quoi chasser. Ainsi, les petits guépards se mettent à courir après un chacal, ce qui est bon pour leur entraînement mais ne remplit pas les estomacs ! Et devenir un vrai chasseur, c'est savoir sélectionner ses proies et mesurer le danger.

Pour un jeune guépard, s'attaquer à un bébé phacochère devant ses parents peut être mortel.

# On joue ?

**Les jeux sont très importants pour les jeunes mammifères. Ils leur permettent de fortifier leurs muscles, d'apprendre à se mettre en embuscade, à courir vite, à partager avec leurs camarades et à se bagarrer. Et plus ils grandissent, plus les mâles jouent à se battre. Ces joutes sont un entraînement aux combats qu'ils devront livrer à l'âge adulte.**



**1)** Les jeunes **babouins** adorent se suspendre aux branches ou s'agripper à la queue d'un copain, pendant que les adultes se reposent ou s'épouillent mutuellement.

**2)** Le premier jouet d'un jeune est la queue de sa maman. Surveillés par toutes les femelles de la troupe, les **éléphanteaux** jouent beaucoup. Mais, dès que la nourriture se fait rare, ils s'arrêtent de s'amuser pour économiser leurs forces.

**3)** Trois jeunes **chacals** jouent longuement près du terrier avec une plume. Ils se la partagent, puis l'un d'eux la vole et s'enfuit avec, rattrapés par ses frères et sœurs. Ils apprennent vite qui est le plus fort !

3

4

**4)** Le jeune **rhinocéros** blanc naît sans cornes. Il joue tout seul, courant à proximité de sa mère. Il la suit toujours de près jusqu'à son sevrage (c'est-à-dire l'âge où il arrête de téter), vers deux ans. C'est aussi le moment où ses cornes commenceront à pousser.

**5)** Un petit **guépard** s'est mis en embuscade derrière une termitière. Quand sa sœur s'approche, il bondit sur elle par surprise et la fait rouler au sol. Puis il la bloque par le cou, comme si c'était une proie. Tous deux repartent ensuite en courant vers leur frère... Et la course-poursuite continue.

**6)** La femelle **guépard** est très patiente avec ses petits. Elle les laisse souvent s'amuser avec elle. Quand elle veut chasser, ils ne sont pas toujours obéissants et continuent leurs jeux. Du coup, à cause de leur chahut, elle risque d'être repérée par les herbivores.

**7)** Un morceau de bois, une bouse d'éléphant séchée, une tortue... tout est prétexte à jouer, même tout seul ! Dans la troupe, le **lionceau** a aussi plein de compagnons qu'il rejoint pour s'amuser. Pendant leurs jeux, les plus grands retiennent leurs forces pour ne pas blesser les plus petits.



6

7

# Bagarres dans la savane

**Les combats dans la savane sont fréquents. La plupart du temps, ce sont les mâles qui se battent. Il y a plein de raisons : conquérir une femelle, défendre leur place à la tête du harem, acquérir un territoire ou bien le conserver... Mais l'animal ne se battra pas simplement parce que l'autre ne lui plaît pas !**

**1)** Deux **zèbres** étalons se poursuivent puis se cabrent. Dressés sur les pattes arrière, face à face, ils se donnent des coups de tête et de sabots et essaient de se mordre les jambes, la nuque ou le sexe... parfois jusqu'au sang ! Finalement, le vaincu s'éloigne et le gagnant a conquis une nouvelle femelle.

**2)** Les mâles **girafes** se battent aussi à grands coups de tête et de cou. Les claquements résonnent très loin. Même s'ils ressemblent à des danses, leurs combats sont très sérieux. Le but n'est pas de blesser l'autre mais de déterminer qui est le plus fort. D'ailleurs, ils n'utilisent pas leurs sabots, armes qu'ils réservent aux lions et aux hyènes.

**3)** Les mâles **hippopotames** dominants, installés près des femelles, empêchent les prétendants de les approcher. Ils bâillent pour les intimider et, si cela ne suffit pas, attaquent les téméraires avec une arme redoutable : leurs canines qui peuvent atteindre 60 cm et peser 3 kg. Les combats entraînent parfois la mort d'un des adversaires, ce qui est très rare dans le monde animal.

3

4

**4)** Chez les **lions**, les mâles d'une troupe marquent leur territoire et rugissent pour dire aux autres qu'il ne faut pas y pénétrer. Si cela ne suffit pas, ils affrontent les intrus. S'ils perdent la bataille, les lions doivent alors partir, laisser leurs femelles aux nouveaux venus et mener une vie de nomades. Peut-être arriveront-ils à gagner un autre territoire en combattant !

**5)** Il n'y a pas que les mammifères qui se battent. Les oiseaux aussi ! Le mâle de ce couple de **grues couronnées**, aidé par sa femelle, s'attaque à un autre à coups de bec pour qu'il les laisse tranquilles. Ces oiseaux sont des amoureux fidèles : leur couple est uni pour la vie !

1

2

5

# Le plus rapide du monde

Depuis une termitière, un guépard observe la plaine et repère un groupe de gazelles en train de brouter. Avec précaution, il avance vers elles, se figeant dès qu'elles relèvent la tête. Arrivé assez près, il s'élance et, en deux secondes, il est déjà à 75 km/h. Affolées, les antilopes s'enfuient en zigzaguant, mais l'une d'elles n'échappera pas au félin...

Avec ses longues pattes fines, sa petite tête, son cœur robuste et son poids léger, le guépard a toutes les qualités pour être un extraordinaire sprinter. Même à plein régime, il peut virer brusquement grâce à l'incroyable souplesse de sa colonne vertébrale. Il atteint la vitesse de pointe de 110 km/h : c'est le plus rapide des animaux terrestres. Mais ce champion dépense tellement d'énergie qu'il ne peut pas courir longtemps à ce rythme, pas plus de 500 m. Après un tel effort, il est si fatigué qu'il doit se reposer avant de manger. Il ne consomme que de la viande fraîche d'une proie qu'il vient lui-même de tuer !

Malheureusement, un guépard solitaire doit souvent abandonner son repas aux lions, aux hyènes ou aux panthères, plus forts que lui. Les femelles, qui vivent toujours seules, chassent surtout des gazelles ou des lièvres. Les mâles, eux, s'associent souvent à deux ou trois et attrapent de grosses proies, comme des gnous ou des zèbres.

**NOM :** Guépard **FAMILLE :** Félidés
**TAILLE :** entre 70 et 90 cm au garrot
**POIDS :** 50 à 65 kg pour le mâle, 10 kg de moins en moyenne pour la femelle.
**VITESSE MAXI :** 110 km/h
**SIGNE PARTICULIER :** Il a deux traits noirs sur la face qui partent des yeux et descendent vers le museau, appelés "le larmier".

# Au pays des ruminants

**Des gazelles broutent les herbes rases. Un peu plus loin, des impalas se nourrissent de feuilles sur des buissons, tandis que des zèbres préfèrent manger dans les herbes hautes. Sous un arbre, des lions sommeillent. Les herbivores ont vu les prédateurs endormis. Pas d'inquiétude : ils n'ont rien à craindre pour le moment !**

L'impala est capable de sauts impressionnants : 3 m en hauteur et jusqu'à 11 m en longueur.

L'oryx, avec ses cornes de 1 m de long, droites comme des épées, peut embrocher et tuer un lion !

## Des ruminants

Gazelles, impalas, damalisques appartiennent à la grande famille des bovidés, très nombreux dans la savane. Qu'ils pèsent 5 kg comme les petits dik-dik, ou 800 kg comme les buffles mâles, ce sont tous des ruminants. Ils broient rapidement les herbes dans leur bouche sans les mâcher, puis les avalent. Dans la panse de l'animal, tout est alors mixé avec plusieurs litres de salive et attaqué par des bactéries, pendant plusieurs heures. Enfin, ce qui reste retourne dans la bouche et est mâché.

Les cornes spiralées du grand koudou mâle mesurent jusqu'à 1,80 m de long.

## En troupeau

Les buffles vivent en groupes qui atteignent plusieurs centaines d'individus quand l'herbe est abondante. De même, les impalas ou les oryx forment de grands troupeaux. Les mâles les plus forts règnent sur les femelles et les jeunes sont regroupés dans des crèches.

## Eau ou pas eau

Les buffles ne peuvent pas se passer d'eau. Tout comme les gazelles de Thomson, qui migrent en fonction des pluies pour avoir toujours de l'eau à leur disposition. Par contre, les oryx ou les koudous sont bien adaptés à la chaleur et à la sécheresse. Ils trouvent assez d'eau dans leur nourriture pour ne pas avoir besoin de boire.

Un buffle adulte boit plus de 30 l d'eau par jour !

## Attention aux cornes !

*Tous les mâles antilopes ont des cornes, de taille et de forme très variées. Ils s'en servent pour se battre et défendre leur territoire, ou pour se protéger des prédateurs. Chez certaines espèces, les femelles en portent aussi.*

# Un félin très secret

Au crépuscule, un léopard se glisse entre les herbes, le corps collé au sol. Il a repéré un impala grâce à son ouïe extraordinaire. Soudain, il bondit sur lui par surprise et l'étouffe. Après un rapide repas sur place, il agrippe sa proie et réussit à la monter avec agilité dans un arbre au tronc presque vertical. Là-haut, il est tranquille !

## Roi du camouflage

Le léopard, appelé aussi panthère, est un animal très secret, difficile à observer. Il vit en solitaire. Contrairement au guépard, il est actif surtout la nuit. Il n'aime pas les grandes plaines dégagées et préfère vivre le long des rivières, dans les rochers, et partout où il y a des arbres et des buissons qui lui permettent de se cacher.

## Menus variés

Ce félin est capable de survivre même quand les antilopes se font rares. Il se nourrit aussi bien de lièvres, de singes, d'oiseaux, que de grenouilles ou de poissons. Grâce à sa façon de se camoufler et à ses mouvements silencieux, il approche ses proies sans être vu. C'est indispensable car il ne peut pas les attraper à la course : elles sont plus rapides que lui !

**NOM :** Léopard ou panthère **FAMILLE :** Félidés
**TAILLE :** 70 cm à 1 m au garrot pour le mâle, 60 à 75 cm pour la femelle.
**POIDS MOYEN :** 40 à 90 kg pour le mâle, 30 à 60 kg pour la femelle.
**VITESSE MAXI :** 60 km/h sur de courtes distances
**SIGNES PARTICULIERS :** Les taches du pelage dessinent des cercles dont l'intérieur est de couleur ocre.

## Sur un arbre perché

Le léopard est un félin très arboricole, champion d'escalade et de saut. Comme il vit dans les zones où hyènes et lions sont nombreux, il met ses proies à l'abri en hauteur. Il arrive à les hisser dans un arbre "garde-manger" grâce aux muscles très puissants de ses mâchoires. C'est bien pratique : il peut dormir là-haut toute la journée et est quasiment sûr de retrouver sa réserve de nourriture, même quand il part boire ou marquer son territoire.

La femelle léopard, très agressive, feule après un mâle et montre ses canines bien tranchantes, qui lui servent à déchirer la viande.

# Des singes près de l'eau

Dans les arbres, le long des rivières, babouins et grivets vivent en grandes troupes de plusieurs dizaines d'individus où les mâles protègent les femelles et leurs petits. Les babouins s'expriment par toutes sortes de sons : grognements, aboiements, cris stridents de peur... Ce sont des animaux très bruyants !

## Des mâles intrépides

Les babouins passent la nuit perchés dans un arbre ou sur des rochers. Ils n'en descendent qu'au petit matin et parcourent alors la savane pour trouver leur nourriture. Contrairement aux chimpanzés et aux gorilles qui marchent souvent comme des bipèdes, ils se déplacent sur leurs quatre membres. Ils mangent des graines, des fruits ou des insectes, et aiment aussi la viande.

## Chasseurs et resquilleurs

Les grands mâles qui pèsent jusqu'à 50 kg s'emparent des bébés gazelles laissés seuls, ou n'hésitent pas à voler la proie d'un guépard ou d'un léopard. Par contre, la nuit, dans l'arbre où ils dorment, les singes ont très peur des léopards... Les mâles babouins chassent aussi de jeunes antilopes. Quand l'un d'eux en attrape une, les autres mâles de la troupe s'excitent et crient. Ils se battent en essayant de se la chiper. Quelques minutes plus tard, le calme revient et la troupe reprend sa vie tranquille.

Les babouins sont très dangereux avec leurs canines impressionnantes !

## De petits singes très agiles

Avec leur poids de 5 kg, les grivets (appelés aussi vervets) sont bien plus petits que leurs cousins babouins. Les mâles sont reconnaissables à leurs testicules bleu turquoise ! Ces singes passent énormément de temps dans les arbres. Leur queue, aussi longue que leur corps, leur donne une grande agilité.

## Tout riquiqui !

Les bébés ne pèsent pas plus de 350 g à la naissance. Comme les petits babouins, ils s'accrochent instinctivement aux poils de la poitrine de leur maman quand elle se déplace. Comme cela, ils ne la gênent pas dans ses activités et peuvent téter facilement. Au bout de quelques jours, ils préféreront se mettre sur son dos, en position de jockey.

# Les nettoyeurs de la savane

Dans la savane, les animaux sont tués par les prédateurs, mais ils meurent aussi tout simplement de maladie ou de vieillesse. Ceux qu'on appelle les charognards jouent alors leur rôle : vautours, hyènes et chacals nettoient les carcasses, ne laissant que les os, les cornes et les sabots. Ils empêchent ainsi la propagation des épidémies !

## Premiers arrivés

Un éléphant est mort dans la savane. Son cadavre attire alors tous les charognards. En premier, arrivent les vautours. Ils volent à de hautes altitudes, d'où leur vue extraordinaire leur permet de localiser les carcasses. Les oricous, moins nombreux mais plus gros, imposent leur loi aux autres : ils se posent pas loin puis chargent leurs congénères.

Les hyènes élèvent leurs petits dans un terrier.

## Repas à deux

Quant aux chacals, ils arrivent en couple sur la carcasse. Ils mangent, puis repartent vers le terrier où sont restés leurs petits. Ils leur régurgitent la nourriture. Ce canidé n'est pas seulement un charognard, il chasse aussi de jeunes faons, des lièvres ou des oiseaux. Le chacal s'exprime beaucoup : il jappe, grogne, hurle et glapit comme les loups.

## Charognards et chasseurs à la fois

Des hyènes se précipitent, attirées par les mouvements des vautours. Leurs mâchoires sont si puissantes qu'elles leur permettent de broyer les os. Par leurs cris, une espèce de rire un peu lugubre et inquiétant, elles appellent les autres membres de leur clan. Leur organisation sociale est originale : les femelles dominent les mâles plus petits qu'elles ! Contrairement à leur réputation, les hyènes sont aussi des prédateurs capables de chasser en groupe de gros mammifères comme des zèbres.

## Voler les lions

Quand les lions viennent de chasser, tous les charognards essaient de profiter de leur repas. Les chacals arrivent à dérober un peu de viande à la barbe des félins, mais hyènes et vautours se font charger et doivent attendre que les lions repus s'éloignent. Alors tous se précipitent et se disputent les restes.

# À chacun sa toilette

Dans la savane, la toilette sert évidemment à se laver, mais aussi à se débarrasser de tous les insectes qui se mettent dans les poils ou sous la peau. Pour cela, les animaux se roulent dans la poussière ou dans la boue, se font épouiller par un compagnon, ou laissent les pique-bœufs travailler...

1

2

3

## Besoin de personne

Les **félins** maintiennent leur fourrure propre, ou celle de leurs petits, à coups de langue. Recouverte de petites aspérités, celle-ci agit comme une râpe efficace **(1)**.
Les **éléphants** aspirent la boue avec leur trompe et s'aspergent le corps. Cette boue sèche rapidement au soleil, et forme une croûte qui étouffe les insectes cachés sous la peau. Elle les protège également contre de nouvelles piqûres. Les bains de boue sont aussi un grand moment de plaisir ! Les jeunes et même les adultes s'y "vautrent" longuement et se retournent en tous sens **(2)**.
Si les buffles et les hyènes aiment aussi se coucher dans la boue, d'autres animaux comme les **zèbres** se roulent dans la poussière pour éloigner les insectes ou se sécher après une course ou un bain **(3)**.

## Assistants de lavage

Les **singes**, eux, ont une autre façon de faire. Ils s'assoient par petits groupes et, l'un après l'autre, fouillent la toison d'un compagnon. Ils retirent délicatement les parasites avec leurs doigts et leurs dents. Les grands mâles ferment les yeux de plaisir ! Les nouveau-nés sont très entourés et eux aussi sont "toilettés" par les autres membres de la troupe **(4)**.
Une bonne façon de faire connaissance...
Enfin, une autre arme dans la lutte contre les insectes est un oiseau de 18 cm de haut, le **pique-bœuf**. Celui-ci s'agrippe au pelage des herbivores grâce à ses griffes acérées et attrape les parasites avec son bec **(5)**.
En plus, il nettoie les plaies en enlevant toutes les peaux mortes. Le pique-bœuf se pose sur les phacochères, les rhinocéros, les buffles, les impalas, les zèbres ou les girafes, parfois en grand nombre... mais jamais sur les éléphants qui le chassent violemment avec leur trompe !



4

5

# Dans les fleuves et les marais

Les animaux viennent boire aux points d'eau ; si les antilopes choisissent plutôt les heures chaudes, les félins, eux, préfèrent le soir ou le matin. Certains y vivent en permanence comme les hippopotames, dont grognements, soufflements et mugissements résonnent au-dessus de la rivière ! Ils passent leur journée dans l'eau ou couchés sur les berges sableuses, à côté des crocodiles.

Une femelle hippopotame surveille plusieurs jeunes, comme dans une crèche.

## À l'eau !

Seuls les yeux, les narines et les oreilles de l'hippopotame dépassent de la surface de l'eau, comme le périscope d'un sous-marin. Il plonge souvent et reste en apnée plusieurs minutes. Bizarrement, il ne mange pas de plantes aquatiques. La nuit, il sort de l'eau pour tondre, avec ses grosses lèvres, les 50 kg d'herbes dont il a besoin dans les plaines aux alentours.

Le jabiru appartient à la famille des cigognes. Il se nourrit de poissons et de grenouilles. Seule la femelle a l'œil jaune.

## Bien rangés...

Les hippopotames vivent en troupes. Dans l'eau, chacun a sa place : les adolescents d'un côté, les mères et leurs petits de l'autre. Les mâles adultes entourent les femelles. Plus ils sont forts, plus ils restent près d'elles ! Ils se saluent en dispersant leurs crottins par de grands moulinets de la queue. Mais gare à ces gros mammifères ! Malgré leur allure pataude et leurs 3 tonnes, ils sont capables de courir à près de 40 km/h, bien plus vite qu'un homme... Un redoutable prédateur, cohabite pacifiquement avec eux près des points d'eau : le crocodile. Ce reptile grandit pendant toute sa vie pour dépasser parfois les 6 m de long !

### Une question d'âge

*La nourriture des crocodiles change avec l'âge : ils mangent d'abord des insectes, puis des poissons. Quand ils dépassent 3 m, ils chassent des gazelles et de plus gros mammifères. Un adulte se contente d'une cinquantaine de repas par an, et un individu âgé peut rester deux ans sans manger.*

# La grande migration

Tous les ans vers le mois de juin, plus d'un million et demi de gnous, accompagnés de zèbres et de gazelles de Thomson, migrent du centre de la Tanzanie desséchée au sud du Kenya. Ils parcourent près de 750 km pour trouver des herbes plus nourrissantes et de l'eau. Et en octobre, ils feront le même parcours dans l'autre sens.

1

3

4

Les troupeaux avancent dans un concert de meuglements. Ils arrivent dans les plaines du Kenya où ils se déplacent sans cesse en suivant les orages, sans avoir le temps d'abîmer la végétation. Au contraire, leurs nombreux excréments jouent le rôle d'engrais et enrichissent le sol **(1)**.

Léopards et lions profitent de cette migration : ils se mettent en embuscade au bord de la rivière et chassent facilement les animaux quand ils traversent **(2)** !
Rien n'arrête les gnous dans leur migration, pas même la rivière Mara qui est pourtant un gros obstacle. Ils hésitent à traverser parfois pendant des heures, et puis les premiers, poussés par la multitude des suivants, commencent à sauter, suivis par tous les autres **(3)**. Quand le niveau de la rivière est haut, les jeunes se débattent dans les eaux tourbillonnantes. Ils crient, séparés de leur mère par le courant et la foule des autres bêtes. Leur chance de la retrouver est infime ; ils sont alors condamnés, car aucune femelle n'acceptera de les allaiter **(4)**. Beaucoup se noient pendant la traversée de la rivière, ou sont piétinés par la masse de leurs compagnons. Les crocodiles et les vautours n'ont plus qu'à se régaler **(5)** ! Malgré tous ces dangers, une très grande partie des gnous retournera à son point de départ.

2

5

# En danger ?

**Les animaux de la savane africaine sont très nombreux ! Mais attention, de lourdes menaces pèsent sur eux. Les hommes leur laissent de moins en moins de place pour vivre et les braconniers les tuent pour leurs cornes, leurs défenses, ou simplement pour la viande. Heureusement, beaucoup vivent dans de grands territoires protégés.**

Depuis de très nombreuses années, les pays africains ont créé d'immenses zones où il est interdit de chasser et de tuer les animaux sauvages, tel que le Serengeti (Tanzanie) qui est grand comme la moitié de la Belgique.



Malgré la surveillance des rangers, les braconniers tuent beaucoup d'animaux, comme les rhinocéros dont les cornes sont revendues très cher à l'étranger, pour la médecine chinoise ou pour faire des manches de poignards. Et ces espèces risquent de disparaître...

Les cornes des rhinocéros, dont la plus longue dépasse 1,50 m, sont faites de kératine, comme nos ongles ou nos cheveux. Si on les coupe, elles repoussent !

Les écoliers découvrent les animaux sauvages par des voyages dans les réserves protégées. Car, pour les sauvegarder, il faut les connaître !

Les touristes du monde entier viennent visiter les parcs nationaux africains. Leur argent est très important pour l'économie de ces pays. Mais comme la population africaine augmente rapidement, les conflits entre les hommes et les animaux sauvages sont devenus fréquents.

Ceux-ci sortent facilement des réserves qui ne sont pas clôturées. Pas de problème s'il s'agit d'un zèbre ; par contre, un éléphant saccage les cultures et un félin s'attaque au bétail des éleveurs qui veulent alors le tuer. Malgré ces conflits, espérons que les animaux sauvages resteront longtemps protégés.

# Quiz

À toi de trouver les bonnes réponses
à ces questions.
Un indice : elles sont toutes dans le livre !

1. Lequel de ces animaux est le plus solitaire ?
   - A. la lionne
   - B. l'éléphant
   - C. le léopard

2. Quelle taille peut atteindre le cou de la girafe ?
   - A. 1 m
   - B. 3 m
   - C. 5 m

7. De combien de litres d'eau le buffle a-t-il besoin par jour ?
   - A. 3 litres
   - B. 15 litres
   - C. 30 litres

8. Que font les singes lorsqu'ils s'épouillent ?
   - A. Ils retirent les parasites du pelage de leurs compagnons.
   - B. Ils poussent des cris stridents pour prévenir du danger.
   - C. Ils se battent pour une proie.

9. Quelle vitesse maximum peut atteindre un hippopotame ?
   - A. 10 km/h
   - B. 40 km/h
   - C. 60 km/h

10. À quelle période gnous et zèbres migrent-ils vers le Kenya ?
    - A. octobre
    - B. janvier
    - C. juin



15. Qui commande chez l'éléphant ?
    - A. la grand-mère
    - B. la mère
    - C. le père

16. Comment dort la girafe ?
    - A. debout
    - B. couchée
    - C. assise

17. Vers quel âge les petits félins mangent-ils de la viande ?
    - A. 3 mois
    - B. 8 mois
    - C. 1 an

18. Quels sont les animaux de la savane capables de s'entretuer pour une femelle ?
    - A. les grues couronnées
    - B. les lions
    - C. les hippopotames

**3.** **Lequel de ces oiseaux ne peut pas voler ?**

A. l'autruche
B. l'outarde Kori
C. le pique-bœuf

**4.** **Où le léopard cache-t-il ses proies une fois celles-ci tuées ?**

A. dans un terrier
B. en haut d'un arbre
C. entre deux rochers

**5.** **À partir de quel âge le guépard peut-il étouffer une proie sans l'aide de sa mère ?**

A. 3 mois
B. 10 mois
C. 1 an

**6.** **Laquelle de ces troupes est la plus bruyante ?**

A. les éléphants
B. les hyènes
C. les babouins

**11.** **Grâce à quoi les prédateurs repèrent-ils les bébés félins ?**

A. à leurs rugissements
B. à l'endroit où est leur mère
C. à leur odeur

**12.** **Qui a les plus gros yeux ?**

A. l'éléphant
B. l'autruche
C. la girafe

**13.** **À partir de quel âge le lionceau mâle n'est plus accepté dans la troupe ?**

A. 2 ans
B. 6 mois
C. 1 an

**14.** **Et l'éléphanteau, à quel âge quitte-t-il sa mère ?**

A. 6 mois
B. 5 ans
C. 12 ans



**19.** **À l'aide de quelle(s) partie(s) de son corps l'oryx peut-il tuer un lion ?**

A. sa puissante mâchoire
B. ses longues cornes
C. ses sabots tranchants

**20.** **Comment protège-t-on les animaux de la savane des braconniers ?**

A. grâce à des territoires protégés
B. en les intégrant à des zoos
C. on ne peut pas les protéger

**Solutions**

**1.** C - **2.** B - **3.** A - **4.** B - **5.** B - **6.** C -
**7.** C - **8.** A - **9.** B - **10.** C - **11.** C - **12.** B -
**13.** A - **14.** C - **15.** A - **16.** C - **17.** A -
**18.** C - **19.** B - **20.** A

# Lexique

**Harem**
Chez les animaux, groupe de femelles qui vit sous la domination d'un mâle.

**Mammifère**
Espèce qui allaite ses petits avec ses mamelles, comme les lions, les gazelles ou encore les hommes.



**Nocturne**
Qui vit la nuit.

**Nomade**
Animal qui n'a pas de lieu de vie fixe et qui se déplace continuellement, comme les éléphants.

**Omnivore**
Animal qui mange à la fois de viande et des végétaux.

**Placenta**
Organe maternel qui entoure le fœtus ; il est expulsé après la mise bas.

**Prédateur**
Animal qui chasse et tue d'autres animaux pour se nourrir. Le guépard, par exemple, est un prédateur de la gazelle.

**Rangers**
Soldats qui patrouillent à pied ou en véhicule 4 x 4, pour repérer et arrêter les braconniers.

**Sédentaire**
Qui vit au même endroit durant presque toute sa vie.

# Index

# Crédit photo

Toutes les photographies reproduites dans ce livre ont été réalisées par Christine et Michel Denis-Huot. Depuis plus de vingt-cinq ans, ces amoureux de la savane passent plusieurs mois par an en brousse, au cœur de Masaï-Mara au Kenya, où ils observent et photographient la faune et son environnement.

Retrouve leurs photos et leurs actualités sur : www.denis-huot.com

## Dans la même collection